Ladybug

Horned Beetle

Stinkbug

Stick Bug

This book is dedicated to my son, Jason, because of his appreciation for the small things in life, including bugs.

這本書要獻給我的兒子——Jason，因為他總能去欣賞生活中的微小事物，包括小蟲子。

Macy's Strange Snacks

莓西的怪點心

Macy the mantis takes a bite of a big, red *strawberry. "Mmmmm, what a good *berry!" Macy says.

*為生字，請參照生字表。

3

"Macy!" calls her brother, Max. Macy hides her berry. Max jumps up behind her. "*Boo!"
Macy is so surprised that she *steps on her berry!

4

"Hi, Max," Macy says.

"Do you want to *hunt for *beetles?"

"No thanks, Max. I'm not hungry for beetles."

"Okay, Macy. See you later!"

Macy *wipes berry juice from her legs. She's glad Max didn't see her strawberry. He doesn't know that Macy likes to eat berries.

"Hi, Macy!"

Macy jumps. She drops her berry.

"Oh, it's you, Lily!"

"My, you're *jumpy today!" Lily the ladybug laughs.

"I thought you were Max. He doesn't know I like to eat strawberries. I don't want to tell him. He'll tell other mantises that I like berries more than *bugs. They'll all think I'm strange."

13

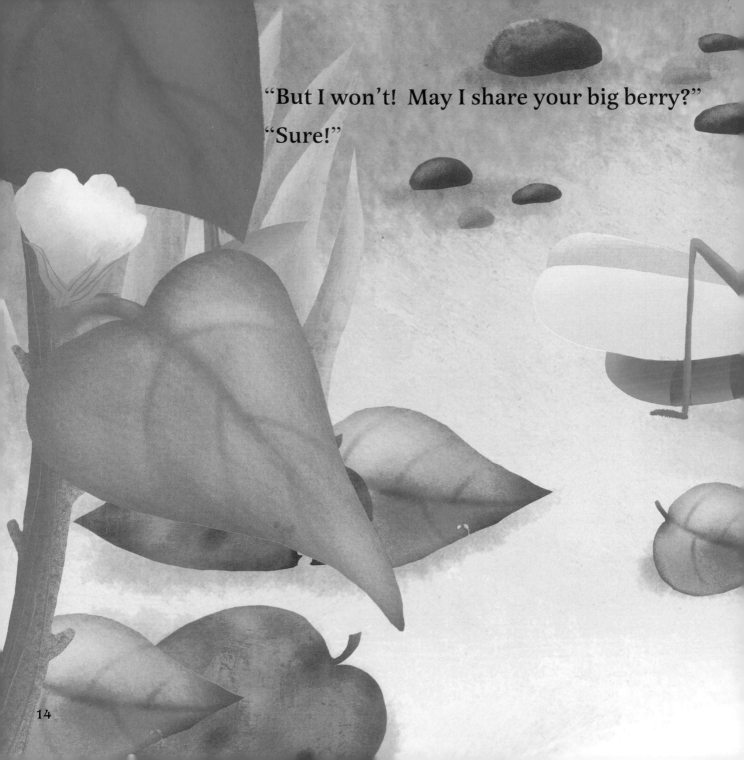

"But I won't! May I share your big berry?"
"Sure!"

14

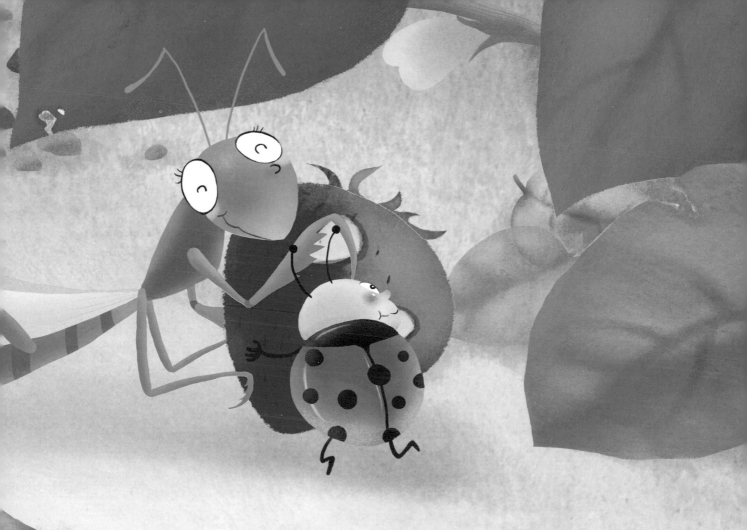

"You know, if you tell Max that strawberries taste great, maybe he'd try one."

"Maybe."

"Here he comes. Why not tell him?"

"*At last! A bug lunch!" Max says.

He tries to grab Lily.

"No, Max!" Macy says. "Lily is my friend."

"But I'm so hungry!"

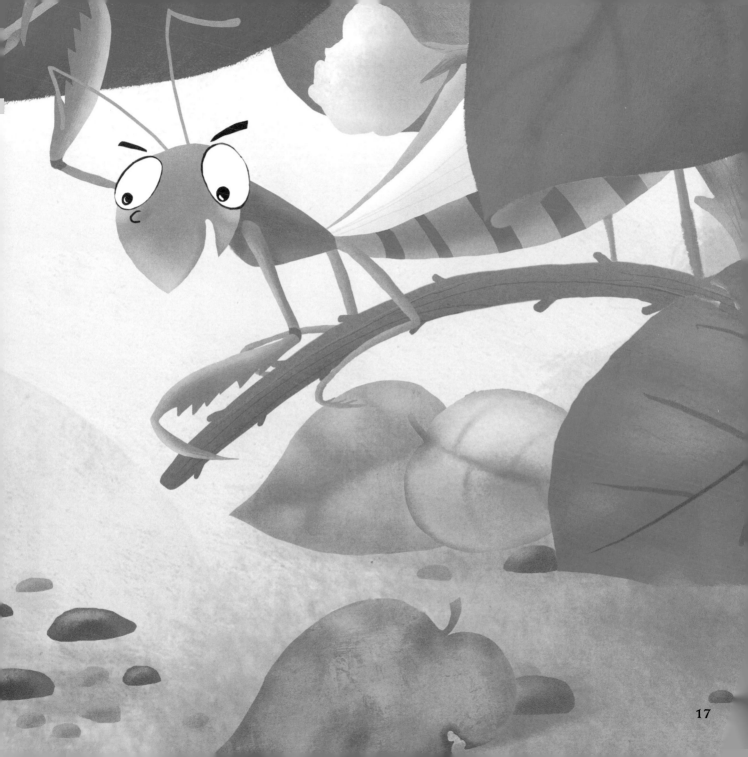

"You could share my lunch," Macy says.

"What are you having for lunch?" Max asks.

Macy lifts the strawberry.

"Ugh! Mantises don't eat strawberries."

"Why not? It tastes good," Macy says.

"Well, I am hungry. A berry is better than nothing."
Max takes the strawberry from Macy. He has
a tiny taste.

"Not bad!" he says.

He takes another bite.

"This berry is *yummy!"

23

"I'm glad you like strawberries, Max," Lily says.

"They're so good I'll eat another," Max says.

"Me, too!" Macy says.

"I guess strawberries aren't such strange snacks *after all!" Max laughs.

生_{ㄕㄥ}字_{ㄗˋ}表_{ㄅㄧㄠˇ}

p.9

wipe [waɪp] v. 擦去

p.11

jumpy [ˋdʒʌmpɪ] adj. 神經質的，提心吊膽的

p.13

bug [bʌg] n. 蟲子

p.16

at last　終於，最後

p.23

yummy [ˋjʌmɪ] adj. 好吃的，美味的

p.26

after all　終究，終歸 (與預期的相反)

n.=名詞，interj.=感嘆詞，v.=動詞，adj.=形容詞

莓西的怪點心

螳螂莓西在一顆又大又紅的草莓上咬了一口。

莓西說：「嗯，這草莓真好吃！」

「莓西！」她的哥哥麥斯大聲叫著。

莓西把她的草莓藏起來。這時，麥斯從她的身後跳了出來「哇」了一聲。

莓西嚇了一大跳，竟然一腳踩在她的草莓上！

她說：「嗨，麥斯。」

「妳想要一起去抓甲蟲嗎？」

「不了，麥斯，謝謝。我並不想要吃甲蟲。」

「那好吧！莓西，待會兒見！」

莓西把她腳上的草莓汁擦掉。她很高興麥斯並沒有發現她的草莓。他不知道莓西喜歡吃草莓。

「嗨，莓西！」

莓西嚇得跳了起來，一不小心就把草莓掉在地上。

「喔！原來是妳呀，莉莉！」

瓢蟲莉莉笑著說：「唉呀，妳今天看起來緊張兮兮的！」

「我以為妳是麥斯嘛！他不知道我喜歡吃草莓，而且我也不想跟他說。如果他知道了，他就會告訴其他的螳螂，說我比較喜歡吃草莓，而不是蟲子。他們全都會把我當作怪胎的。」

「可是我不會呀！妳的草莓可以分我一點嗎？」

「當然可以！」

「妳知道嗎，如果妳告訴麥斯草莓

其實很好吃的話，或許他會試試看喔！」

「也許吧。」

「他來了，妳何不告訴他呢！」

麥斯說:「哈！蟲蟲午餐終於有著落了！」

他試著要抓住莉莉。

莓西說:「麥斯，別這樣！莉莉是我的朋友。」

「但是我很餓耶！」

莓西說:「我的午餐可以分給你吃。」

「妳午餐吃什麼啊?」

莓西舉起她的草莓。

「噁！螳螂是不吃草莓的!」

莓西說：「為什麼？草莓很好吃啊！」

「嗯……好吧，反正我餓了，吃草莓總比沒東西吃好。」

麥斯從莓西手中接過草莓。他咬了一小口。

他說：「還不錯！」

他又咬了另一口。

「這草莓真好吃！」

莉莉說：「真高興你喜歡吃草莓，麥斯。」

麥斯說：「真好吃！我還要再吃一顆！」

莓西說：「我也是！」

麥斯笑著說：「我想，其實草莓也不是那麼奇怪的點心！」

o	a	h	u	p	r	f	g	f	b	d	n	m
l	h	a	y	u	m	m	y	k	n	n	d	s
d	d	e	g	g	k	j	t	s	c	x	b	m
a	z	v	u	n	d	p	t	y	u	u	h	p
c	k	g	b	d	e	r	i	y	o	m	x	j
s	t	e	p	b	w	j	s	f	e	l	t	e

找出字裡面的單字喔

35

文字迷宮 Word Puzzle

螳螂莓西的肚子好餓，可是她卻找不到草莓！我們來幫助莓西走出這個迷宮吧！

下面有六個在故事中出現過的單字，從迷宮中找出這六個單字並圈起來（直的和橫的都有），就可以找到草莓了！

step   bug   yummy   wipe

beetle   jumpy

36

START

s	t	e	p	f	s	j	w	b	e	e	t	l	e
c	k	g	b	q	e	r	i	y	o	m	b	x	j
a	z	v	u	u	y	t	p	d	t	i	h	p	u
q	d	e	g	t	j	k	e	f	s	c	x	b	m
l	h	a	y	u	m	m	y	k	n	n	d	s	p
o	a	h	u	p	r	f	g	v	b	d	n	m	y

·答案請參考 **35** 頁

莓西的螳螂教室
Mantis

大家好，我是莓西。我們螳螂在全世界共有兩千多種不同種類的親戚，當中有的身材高大，有的比較嬌小，可是都有一個共通點——大家都是肉食性昆蟲。

因為只吃肉，我的親戚們個個都是打獵高手；我們有一雙敏銳的複眼，對移動的物體特別敏感，再加上胸前那對像大刀一樣的前腳，可以迅速而俐落的把獵物抓牢，所以我們就成了讓蟲蟲們聞風喪膽的獵人了。

　　至於螳螂打獵的方法，是先躲在不起眼的地方靜靜等候，當不知情的獵物經過就突然撲上去，用強壯的前腳把對方夾住，對方就變成他的食物了！

你知道嗎？

　　在交配的時候，如果雌螳螂肚子餓，她會把雄螳螂當成獵物吃掉！而在自然界中，還有一種叫「黑寡婦」的蜘蛛，也有同樣的行為。雖然這個舉動看來很殘忍，可是為了讓雌性成功繁衍後代，雄螳螂和雄蜘蛛也只有默默犧牲了。

關於作者

Kriss Erickson has been a freelance writer since 1981. She has published in the United States and in Australia and has over 300 published works. Kriss earned a Master's degree in Counseling in 2003 and holds a Master's level certificate of Spiritual Direction. She lives with her husband and son on a 3/4 acre wetland where she has created extensive gardens. Kriss is also a freelance artist in colored pencil and acrylic. She enjoys singing blues and contemporary music at local coffee shops.

Kriss Erickson 從 1981 年開始了自由作家的生活。她陸續在美國和澳洲發表著作，至今出版過的作品已超過 300 本。Kriss 在 2003 年取得心理諮商碩士的學位，並且擁有靈修指導碩士程度的結業證書。她和丈夫以及兒子住在四分之三英畝的濕地上，還在那裡打造了一個廣闊的花園。Kriss 同時也是一位自由藝術家，擅長使用色鉛筆和壓克力顏料來畫畫，而在當地的咖啡店哼唱藍調和現代音樂則是她的樂趣。

關於繪者

陽光，綠蔭，
花和青草味，
樹影和月光，蛙鳴。
童年的盛夏。

一個透明的玻璃瓶，瓶口用橡皮筋箍著紙蓋，上面扎有幾個氣孔，將裡面裝滿大大小小的、知名的或是不知名的蟲兒，然後安靜而好奇的看上好長一陣子，這是整個季節裡最興趣盎然的事情之一了。許多歲以後，複雜、莫名的東西多起來，心中不再有那個帶紙蓋的瓶子，不再關心、甚至不再靜心聆聽周圍的一切。

身為卡圖工作室的一份子，畫畫、做書，我們努力為孩子們製造著快樂，同樣也為自己尋找單純和美好。

親親自然 成就英語悅讀

台北市外語啟蒙教學發展學會理事長　　李宗玥

「故事」是每個孩子的夢工廠，成就孩子的豐富幻想，讓孩子的想像力無限伸展與飛翔，每個故事都在架構成長的快樂回憶，細數故事的數目，如同細數快樂。

「自然世界」是兒童生活經驗中，最真實與迷人的經驗。不起眼的毛毛蟲為什麼會變成一隻漂漂亮亮的蝴蝶？自然世界裡充滿了讓孩子忍不住驚喜的讚嘆，如同作者的孩子，琢磨於生活中的微小事物，一隻小蟲子也能成就一個大驚奇，從孩子的眼裡視察自然，會發現自然世界本身就是一個故事屋。

「語言」是迎向世界最萬能的鑰匙，它開啟每一扇快樂夢想的門；而每一扇門後，有著世界各個角落裡孩子的喜悅與幻想。有了語言的鑰匙，才有機會透視世界更多的快樂夢想，才有機會了解故事裡的昆蟲們，是如何相處互動的。

三民書局的「我的昆蟲朋友」系列，用「語言」的骨架，串連了「故事」與「自然世界」，搭起孩子閱讀的興趣與動機，讓「語言」(language) 與「知識」(knowledge) 不再毫無交集、枯燥乏味。就是這樣的書，會讓我們和孩子都感動。任何一種有目的的學習，在學習歷程中，都會有高低潮，我相信藉著「我的昆蟲朋友」系列中有趣的自然故事與好玩的學習活動，必然能逐步架構語言的樂趣與能力。

　　語言的學習，早就應擺脫制式語言文法架構，而走入孩子的真實生活裡。如果您也有同樣的想法，相信在「昆蟲朋友」的「自然世界」中，必能滿足您對孩子語言發展的夢想與期盼。

BUG BUDDIES SERIES 我的昆蟲朋友系列

具基礎英文閱讀能力者（國小 4～6 年級適讀）

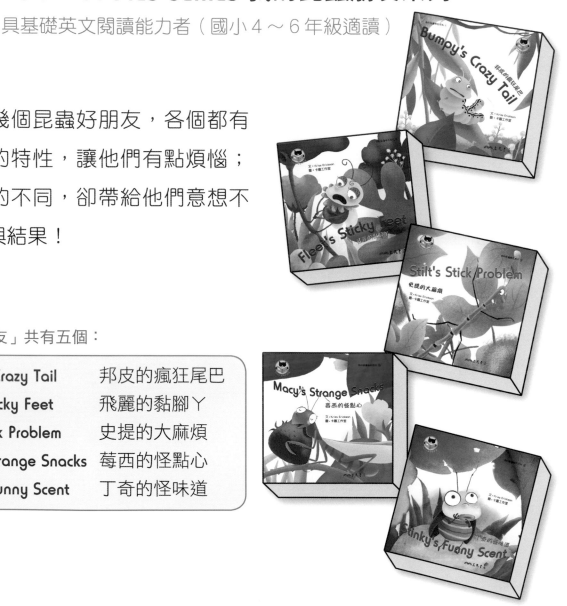

　　我有幾個昆蟲好朋友，各個都有自己奇怪的特性，讓他們有點煩惱；可是這樣的不同，卻帶給他們意想不到的驚奇與結果！

「我的昆蟲朋友」共有五個：

1. Bumpy's Crazy Tail 　　邦皮的瘋狂尾巴
2. Fleet's Sticky Feet 　　飛麗的黏腳丫
3. Stilt's Stick Problem 　　史提的大麻煩
4. Macy's Strange Snacks 莓西的怪點心
5. Stinky's Funny Scent 　丁奇的怪味道

國家圖書館出版品預行編目資料

Macy's Strange Snacks:莓西的怪點心 / Kriss Erickson著;卡圖工作室繪;本局編輯部譯.－－初版
一刷.－－臺北市：三民，2006
　　　面；　　公分.－－(Fun心讀雙語叢書.我的昆蟲
朋友系列)
中英對照
ISBN 957－14－4595－9　　(精裝)
　1. 英國語言－讀本
523.38　　　　　　　　　　　　　95014836

© **Macy's Strange Snacks**
—— 莓西的怪點心

著作人　Kriss Erickson
繪　書　卡圖工作室
譯　者　本局編輯部
發行人　劉振強
著作財
產權人　三民書局股份有限公司
　　　　臺北市復興北路386號
發行所　三民書局股份有限公司
　　　　地址／臺北市復興北路386號
　　　　電話／(02)25006600
　　　　郵撥／0009998－5
印刷所　三民書局股份有限公司
門市部　復北店／臺北市復興北路386號
　　　　重南店／臺北市重慶南路一段61號
初版一刷　2006年8月
編　號　S 806761
定　價　新臺幣參佰元整
行政院新聞局登記證局版臺業字第○二○○號

http://www.sanmin.com.tw　三民網路書店